Essen und Trinken
bei Wilhelm Busch

SCHNELL Buch & Druck
Warendorfer Lieblingsbücher

Essen und Trinken bei Wilhelm Busch
Gesammelt und präsentiert von:
Ulrich Gehre

Oststraße 24, 48231 Warendorf
Herstellung: SCHNELL Buch & Druck
GmbH
Waterstroate 16, 48231 Warendorf
ISBN 3-87716-878-7 · November 1995
Zweite Auflage Februar 1998

Essen und Trinken bei Wilhelm Busch

Daß sie von dem Sauerkohle
eine Portion sich hole

SCHNELL

Zu diesem Buch

Keine Situation unseres Lebens, unseres Alltags, die Wilhelm Busch, Vater von „Max und Moritz" und vielen anderen Bildergeschichten, als ebenso sorgsamer wie humorig-kritischer Chronist mit seinem Zeichenstift und seinen Reimen nicht thematisch aufgenommen und begleitet hätte! Das gilt auch besonders für die lebensnotwendigen Tätigkeiten des Essens und des Trinkens, wobei sich das Nützliche auf höchst erfreuliche Weise mit dem Angenehmen verbindet.

Wir haben Bildergeschichten, Texte, Rezepte und Briefstellen der achtbändigen Gesamtausgabe einmal unter dem Gesichtspunkt „Essen und Trinken bei Wilhelm Busch" durchgesehen und sind fündig geworden - in einem weit reicherem Maß, als es der Umfang dieses Büchleins zuläßt.

Unsere Darstellung versteht sich daher auch nur als eine Auswahl unter weitaus größeren Möglichkeiten. Wir haben sie nach dem einleitenden „Max und Moritz"-Streich entsprechend dem Ablauf der Tagesgerichte geordnet: vom Frühstück über die mittägliche Speisenvielfalt bis zu Desserts, allerlei Süßigkeiten und leckeren Knabbereien. Zum guten Schluß aber wurde vielerlei Trinkbares wie Wein, Bier und Schnäpse als des Abends freundliche Würze darübergegossen.

Wohl bekomm's!

Essen und Trinken bei Wilhelm Busch

„Daß sie von dem Sauerkohle
Eine Portion sich hole..."

Der bekannte, oft veröffentlichte Querschnitt durch das Haus mit Küche und Keller eben jener Witwe Bolte, der „Max und Moritz" in ihren ersten beiden Streichen so herzlos zusetzen, steht gleichsam als Motto über unserem Bemühen, das Gesamtwerk Wilhelm Buschs unter dem Thema „Essen und Trinken" durchzusehen.

In Witwe Boltes Haus geht es um einen deftigen, gleich zweifachen Genuß, auf den die arg geprellte Frau sich freut: Zum einen um drei Hühner und ein Hähnchen, die die bösen Buben auf hinterlistige Weise ins Jenseits befördert haben. Zum andern aber läßt die Witwe Bolte in dem Bestreben, sich wenigstens aus den traurigen Resten des geliebten Federviehs eine schmackhafte Mahlzeit oder auch deren mehrere zu bereiten, die große Pfanne auf dem Herd unter der offenen Esse kurze Zeit unbeaufsichtigt, um aus dem Sauerkrautfaß im Keller eine Beilage für die vorbereitete Mahlzeit zu holen. Und so nimmt denn im Zweiten Streich von „Max und Moritz" das Unheil seinen Lauf:

Als die gute Witwe Bolte
Sich von ihrem Schmerz erholte,
Dachte sie so hin und her,
Daß es wohl das beste wär',
Die Verstorb'nen, die hienieden
Schon so frühe abgeschieden,
Ganz im stillen und in Ehren
Gut gebraten zu verzehren.
- Freilich war die Trauer groß,
Als sie nun so nackt und bloß

Abgerupft am Herde lagen,
Sie, die einst in schönen Tagen
Bald im Hofe, bald im Garten
Lebensfroh im Sande scharrten.

Ach, Frau Bolte weint aufs neu,
Und der Spitz ist auch dabei.

Max und Moritz rochen dieses;
„Schnell aufs Dach gekrochen!" hieß es.

Durch den Schornstein mit Vergnügen
Sehen sie die Hühner liegen,
Die schon ohne Kopf und Gurgeln
Lieblich in der Pfanne schmurgeln.

Eben geht mit einem Teller
Witwe Bolte in den Keller,

Daß sie von dem Sauerkohle
Eine Portion sich hole,
Wofür sie besonders schwärmt,
Wenn er wieder aufgewärmt.

- Unterdessen auf dem Dache
Ist man tätig bei der Sache.
Max hat schon mit Vorbedacht
Eine Angel mitgebracht.

Schnupdiwup! da wird nach oben
Schon ein Huhn heraufgehoben.
Schnupdiwup! jetzt Numro zwei;
Schnupdiwup! jetzt Numro drei;
Und jetzt kommt noch Numro vier;
Schnupdiwup! dich haben wir!! -
Zwar der Spitz sah es genau,
Und er bellt: Rawau! Rawau!

Aber schon sind sie ganz munter
Fort und von dem Dach herunter.

- Na, das wird Spektakel geben,
Denn Frau Bolte kommt soeben.
Angewurzelt stand sie da,
Als sie nach der Pfanne sah.
[...]

- Max und Moritz im Verstecke
Schnarchen aber an der Hecke,
Und vom ganzen Hühnerschmaus
Guckt nur noch ein Bein heraus.

Mit „Max und Moritz", der Bildergeschichte in sieben Streichen, gelang Wilhelm Busch im Jahre 1865 nach langer Durststrecke der große künstlerische Durchbruch, begannen die Honorare reichlicher zu fließen als während seiner gelegentlichen Mitarbeit an den „Fliegenden Blättern" und den „Münchener Bilderbogen". *„Ich habe mir gedacht, es ließe sich als eine Art kleiner Kinder-Epopoë vielleicht für einige Nummern der Fliegenden Blätter und auch für die Bilderbogen verwenden"*, hatte Wilhelm Busch dem Verlag Braun & Schneider in München am 5. Februar 1865 sein Manuskript angedient und tausend Gulden dafür erhalten. Auf einen Brief des Verlegers Kaspar Braun, der mit dieser Bildergeschichte das Geschäft seines Lebens machte, antwortete Wilhelm Busch: „Geben die Götter, daß Ihr freundlich-prophetischer Blick sich bewahrheiten möge!" Kaspar Braun sollte in vollem Umfang recht behalten: „Max und Moritz" wurde nicht nur Wilhelm Buschs bei weitem größter Erfolg, er machte den bescheidenen Norddeutschen auch mit einem Schlag international bekannt, so daß Übersetzungen in vielen Sprachen und Dialekten, Latein, Griechisch und Plattdeutsch nicht ausgenommen, die Folge waren.

In seinen Studentenjahren in Hannover, wo Wilhelm

Busch ab Herbst 1855 am Polytechnikum Maschinenbau und Mathematik studiert, später aber eine Ausbildung als Kunstmaler an den Akademien in Düsseldorf und Antwerpen empfangen hatte, mußte der Student sich allzeit nach der Decke strecken. Das waren die Jahre, in denen Schmalhans Küchenmeister blieb. Auch in seinem Elternhaus im niedersächsischen Wiedensahl bei Stadthagen war es allzeit sparsam zugegangen, dort, wo er am 15. April 1832 als erstes von sieben Kindern des Krämers Johann Friedrich Wilhelm Busch das Licht der Welt erblickt hatte.

„*Wir lebten in einem kleinen Überfluß, zu essen gab's genug, und wenn gespart wurde, so geschah's für die Zukunft der Kinder*", schreibt Wilhelm Busch dennoch in seiner Selbstbiographie „Von mir über mich" aus dem Jahre 1893. Mit dem Hausgesinde, „wie es guten Freunden geziemt", nahm man am selben Tisch die Morgenmahlzeit ein. Recht bildhaft beschreibt Busch Eßgewohnheiten und Tischsitten jener Jahre in seinem Heimatdörfchen:

„*In Wiedensahl hatten wir in den Stuben meistens Klapptische, die an der Wand hochgeklappt wurden; dann gab es am Abend Platz für die Spinnerinnen. Und wie einfach ging's her. Mitten darauf stand die Pfanne auf dem Holzteller mit der Stütze für den Stiel. Daneben lag ein großer Haufen Kartoffeln auf dem blankgescheuerten Tisch; dann langten sie zu und tunkten jeder seine Kartoffel in das Pannenstippelse. Was will man mehr, wenn man ordentlichen Appetit hat. Sein Klappmesser hatte jeder in der Tasche; ein Holzlöffel steckte für jeden unter der Tischkante, der gut abgeleckt wieder weggesteckt wurde. Nur wenn es einmal etwas ganz Schieteriges gab, wurde er gewaschen."*

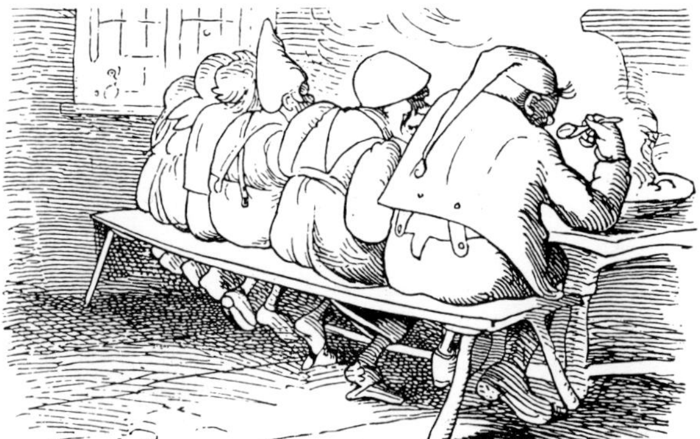

Bäuerlich-deftig ging's zu bei Tisch im alten Wiedensahl

Zeitlebens hielt es Wilhelm Busch, wie er es seit seinen Kindertagen gewöhnt war, mit der eher ländlich-deftigen Kost, in der Kartoffeln, Mehl und Milch die Basis bildeten. Gleichwohl zeigte er sich von Fall zu Fall auch einem edleren Menü, von einer guten Flasche Wein oder gar Champagner begleitet, durchaus nicht abgeneigt:

„Wenn ich auch, im gewöhnlichen Laufe der Tage, schlichtweg zu essen liebe, bin ich doch nicht so hartmäulig, um ungewöhnlich Gutes nicht schätzen zu können, oder so bescheiden, daß ich mich für das Beste nicht gut genug hielte. Aber oft dergleichen, wär mir zuwider, wenn ich's auch haben könnte, ohne mir Mühe zu geben."

Das Frühstück

Auf ein gutes Frühstück, mit dem man frohgemut den Tagesverlauf begann, legte der Autor persönlich großen Wert, pries die anregende Ouvertüre aber auch in verschiedenen Zusammenhängen seines Werkes. Zum Beispiel auf unnachahmliche Weise in der Einleitung zu „Balduin Bählamm, der verhinderte Dichter" (1883):

Das Wasser kocht.- In jedem Hause,
Hervor aus stiller Schlummerklause,
Eilt neugestärkt und neugereinigt,
Froh grüßend, weil aufs neu vereinigt,
Hausvater, Mutter, Jüngling, Mädchen
Zum Frühkaffee mit frischen Brötchen.
Sie alle bitten nach der Reihe
Das Morgenblatt sich aus, das neue.

Im Kapitel „Der alte Junge hat's gut" aus der Knopp-Trilogie (1875/77) weiß der jungvermählte Ehemann das gute Frühstück mit Brötchen, Hörnchen und Kaffee zu schätzen:

Die Frühstückszeit hat Knopp vor allen,
Weil sehr behaglich, sehr gefallen.
Nachdem die Liese aufgetischt,
Hat Doris ihm den Trank gemischt.

Weitaus knapper geht es zu im Gedicht „Ich bin Papa" (aus der unbebilderten Gedichtsammlung „Schein und Sein"):

Und jetzt, was hab ich ausgerichtet?
Was war der Mühe karger Lohn?
Das Geld ist rar, die Kurse sinken,
Dagegen steigt der Preis der Schinken.
Fast jeden Morgen klagt die Mutter:
Ach Herr, wie teuer ist die Butter!
Ja, selbst der Vater ist gerührt,
Wenn er sein kleines Brötchen schmiert.

In einem Brief vom 14. Juni 1873 aus Wiedensahl an Nanda und Letty Kessler in Frankfurt teilt Wilhelm Busch seine Erfahrungen mit dem Frühstückskaffee auf der Heimreise von Frankfurt mit:

„Ich muß Euch doch nur gleich schreiben, daß ich wohl und gesund hier angekommen bin. Von Frankfurt bis Kassel da schlief ich. Als ich aufgeweckt wurde,da wollt ich gleich auf dem Bahnhofe einen Kafé trinken, aber der war mal arg schlecht; und ich dachte mir, wenn die Nanda und die Letty heut in der Früh aufstehn, die können lachen, die kriegen was Besseres; denn das muß man doch sagen, daß die Mama wirklich einen sehr guten Kafé machen, kochen, bereiten und einschenken thut."

Mißmutig unterzieht sich der frisch vermählte Tobias Knopp („Knopp-Trilogie") dem allmorgendlichen Ritual des Kaffeemahlens:

Und morgens in früher Dämmerung
Hat Knopp eine schöne Beschäftigung.

Herr Pumps, der komische Held aus der Bildergeschichte „Der unfreiwillige Spazierritt", landet leicht bekleidet geradewegs im Stübchen der drei Fräulein und stört auf ungestüme Weise deren Kaffeestunde:

. . . faßt die nächste Tür' - o weh -
Drei Fräulein sitzen beim Kaffee.

Mit Freude reagiert der Briefschreiber auf die Ankündigung einer Teesendung, die ihm seine langjährige Brieffreundin, die holländische Schriftstellerin Marie Anderson, in Aussicht gestellt hatte:

Liebe Frau Anderson!

Dem Tee hatt' ich so allnachgrade eine zarte platonische Liebe gewidmet. Ich sagte mir: Fürwahr! ein guter Tee, ein ausgezeichneter Tee, der schönste Tee von der Welt. Nur schade, daß er bereits gekocht und getrunken wurde vor zwei-, dreitausend Jahren von der reizendsten Kaisertochter im himmlischen Reiche der Mitte. - Nun, so will ich denn mal sehn, ob er wirklich kommt.

Dann - nach einem Zwischenbescheid, als die erwartete Sendung immer noch nicht eingetroffen war - bestätigt Wilhelm Busch den Erhalt in einem Brief aus Wolfenbüttel vom 22. Mai 1875:

Der Tee ist da; und noch heute abend soll, wie sich's gebührt, der Spenderin ein seelenvolles Rauch- und Trank- und Dankopfer in aller Ehrfurcht dargebracht und gewidmet werden.

Ihr Wilhelm Busch

Für den Dichter, Maler und Zeichner, der trotz aller Befangenheit in den Denkweisen seines Jahrhunderts bis heute nichts von seiner Aktualität eingebüßt hat und in einem klugen Essay des ersten deutschen Bundespräsidenten Theodor Heuss mit viel Lob bedacht worden war, gehörte auch das Ei zu den unverzichtbaren Bestandteilen eines kompletten Frühstücks. Ganz abgesehen davon, daß es für Wilhelm Busch in den ländlichen Regionen, in denen er die weitaus meiste Zeit seines Lebens verbrachte, allzeit verfügbar war. Und so singt der Vielseitige denn auf seine Weise das Loblied des Hühnerprodukts:

Das weiß ein jeder, wer's auch sei,
Gesund und stärkend ist das Ei
Nicht nur in allerlei Gebäck,
Wo es bescheiden im Versteck;

Nicht nur in Soßen ist's beliebt,
Weil es denselben Rundung gibt;
Nicht eben dieserhalben nur
Nein, auch in leiblicher Statur,
Gerechtermaßen abgesotten,
Zu Pellkartoffeln, Butterbroten,
Erregt dasselbe fast bei allen
Ein ungeteiltes Wohlgefallen;
Und jeder rückt den Stuhl herbei
Und spricht: „Ich bitte um ein Ei!"
Daß dieses wahr, das fühlte klar
Sogar die treue Bauernschar.
(„Der Geburtstag oder Die Partikularisten")

Bauernbrot der deftigen Art aus Wiedensahl, das ihm auch in die Fremde - zum Beispiel nach Frankfurt - nachgeschickt wurde, schmeckte Wilhelm Busch sehr. Und er bedankt sich bei seiner Schwägerin Johanne Busch für die Zusendung:

„Das Brod, welches Ihr mir geschickt, habe ich mit grossem Pläsir verzehrt, theils mit Butter, theils mit Wurst, in welch letzterem Falle ein guter Schnaps das Fest vervollständigen half." In einem andern Brief heißt es: *„Das Brod ist immer wohlbehalten angekommen und*

hat mir in Gemeinschaft mit der heimathlichen und theilweise Wolfenbüttler Wurst gar vortrefflich gemundet. Die Frage: Was giebts denn heut abend? konnte dadurch immer leicht gelöst werden".

Andererseits versetzt sich der frühstückende Dichter meditierend in die Rolle eines Weizenkornes, das nach langer Prozedur zu Brot gemacht wird, in einem Gedicht aus der leider noch immer weithin unbekannten Sammlung „Zu guter Letzt":

Das Brot

Er saß beim Frühstück äußerst grämlich,
Da sprach ein Krümchen Brot vernehmlich:
Ich selber war ein Weizenkorn.
Mit vielen, die mir anverwandt,
Lag ich im rauhen Ackerland.
Bedrückt von einem Erdenkloß,
Macht ich mich mutig strebend los.
Gleich kam ein alter Has gehupft
Und hat mich an der Nas gezupft;
Und als es Winter ward, verfror,
Was peinlich ist, mein linkes Ohr;

Und als ich reif mit meiner Sippe,
O weh, da hat mit seiner Hippe
Der Hans uns rutschweg abgesäbelt
Und zum Ersticken festgeknebelt
Und auf die Tenne fortgeschafft,
Wo ihrer vier mit voller Kraft
In regelrechtem Flegeltakte
Uns klopften, daß die Schwarte knackte.
Ein Esel trug uns nach der Mühle.
Ich sage dir, das sind Gefühle,
Wenn man zerrieben und gedrillt
Zum allerfeinsten Staubgebild,
Sich kaum besinnt und fast vergißt,
Ob Sonntag oder Montag ist.
Und schließlich schob der Bäckermeister,
Nachdem wir erst als zäher Kleister
In seinem Troge baß gehudelt,
Vermengt, verknetet und vernudelt,
Uns in des Ofens höchste Glut.
Jetzt sind wir Brot. Ist das nicht gut?
Frischauf, du hast genug, mein Lieber,
Greif zu und schneide nicht zu knapp
Und streiche tüchtig Butter drüber
Und gib den andern auch was ab.

Vom Brotbacken aber handelt schließlich auch - und damit greifen wir auf unser Eingangskapitel zurück - der Sechste Streich aus „Max und Moritz", in welchem die beiden bösen Buben auf der Suche nach leckeren Brezeln schließlich im Teigtrog landen:

Gleich erscheint der Meister Bäcker
Und bemerkt die Zuckerlecker.

Eins, zwei, drei! - eh' man's gedacht,
Sind zwei Brote draus gemacht.

In dem Ofen glüht es noch
Ruff!! - damit ins Ofenloch!

Ruff!! Man zieht sie aus der Glut;
Denn nun sind sie braun und gut. -

Traditioneller Frühstücksbrotaufstrich ist seit eh und je die „gute" Butter. In der Einleitung zu „Balduin Bählamm, der verhinderte Dichter" hat Wilhelm Busch sehr bildhaft gereimt, wie diese denn zustande kommt:

Gleichwie die brave Bauernmutter:
Tagtäglich macht sie frische Butter.

Des Abends spät, des Morgens frühe
Zupft sie am Hinterleib der Kühe
Mit kunstgeübten Handgelenken
Und trägt, was kommt, zu kühlen Schränken,

Wo bald ihr Finger, leicht gekrümmt,
Den fetten Rahm, der oben schwimmt,
Beiseite schöpft und so in Masse
Vereint im hohen Butterfasse.

Jetzt mit durchlöchertem Pistille
Bedrängt sie die geschmeid'ge Fülle.
Es kullert, bullert, quietscht und quatscht,
Wird auf und nieder durchgematscht,

Bis das geplagte Element
Vor Angst in dick und dünn sich trennt.
Dies ist der Augenblick der Wonne.
Sie hebt das Dicke aus der Tonne,

Legt's in die Mulde, flach von Holz,
Durchknetet es und drückt und rollt's
Und sieh, in frohen Händen hält se
Die wohlgeratne Butterwälze.

Wie zur bildlichen Verdeutlichung paßt zu dieser Beschreibung des Buttermachens das 5. Kapitel aus der Bildergeschichte „Der Geburtstag" (1873), in der Busch mit den welfischen Partikularisten seinen Scherz treibt. Für den entthronten Landesvater haben die braven Bürger sich als besonderes Geburtstagsgeschenk eine wohlgeformte Butterhenne mit ihren Küken ausgedacht und beim Konditor Knickebieter in Auftrag gegeben:

Bald ist im Dorfe weit und breit
Manch treues Weib in Tätigkeit,
Die Butter durch ein rastlos Wälzen
Und Kneten innig zu verschmelzen.

Er steht und sieht sein Werk von ferne
Und spricht: „Na, so hab ich dich gerne!"

Unter den Käsesorten als Brotbelag schätzte Wilhelm Busch persönlich jede Art Schweizerkäse, vor allem den Emmentaler, und setzt ihm auf seine Weise ein „duftendes" Denkmal:

Drum bleibe Sie bei mir nur lieber!
Und, Rike,geh Sie mal hinüber
Und hole Sie von Kaufmann Fräse
Ein Viertel guten Schweizerkäse,
Und sei Sie aber ja, ja, ja,
Gleich zur Minute wieder da!
So ist die gute Mamsell Schmöle
Besorgt für Rikens Heil der Seele.
(„Kritik des Herzens")

Und ganz allgemein empfiehlt sich Busch mit einem treffenden Bild in „Zu guter Letzt":

Pst

Es gibt ja leider Sachen und Geschichten,
Die reizend und pikant,
Nur werden sie von Tanten und Nichten
Niemals genannt.

Verehrter Freund, so sei denn nicht vermessen,
Sei klug und schweig auch du.
Bedenk: Man liebt den Käse wohl, indessen
Man deckt ihn zu.

Wurst und Wurst-Gerichte als Bestandteil von Frühstück und Vespermahl hat Busch in Texten und Bildern mehrfach gewürdigt, während er selbst sich an den Wurstsendungen gütlich tat, die ihm häufig von seinem Bruder, der in Wolfenbüttel eine Konservenfabrik betrieb, zugingen:

Gott ja, was gibt es doch für Narren!
Ein Bauer schneidet sich'n Knarren
Vom trocknen Brot und kaut und kaut.
Dabei hat er hinaufgeschaut
Nach einer Wurst, die still und heiter
Im Rauche schwebt, dicht bei der Leiter.
Er denkt mit heimlichem Vergnügen:
Wenn ick man woll, ick könn di kriegen!
(„Kritik des Herzens")

Er trinkt und ist so sehr verstockt,
Daß selbst die Wurst ihn nicht verlockt.
(„Die Brille")

Hier hängt die Wurst - dort an der Mauer
Steht Louis heimlich auf der Lauer.
Und schon bemerkt man sein Bestreben,
Sich eine Wurst herauszuheben.

(„Der Wurstdieb")

Er schwieg. Doch als die Stunde kam,
Wo man die Vespermahlzeit nahm,
Da sprach er mild und guten Mutes:
„Ein guter Mensch kriegt auch was Gutes!"
Er greift zur Wurst. Er löst die Haut.
Der Kuno steht dabei und schaut.
(„Maler Klecksel")

Das Mittagsmahl

Kartoffeln, aber auch Klöße, die Wilhelm Busch als ständige Beilage während seiner süddeutschen Jahre kennen- und schätzengelernt hatte, sind A und O einer jeden Mahlzeit. Wilhelm Buschs Zeichenstift würdigt die Gabe auf seine Weise:

Das schönste Loblied auf die geschickte Küchenfee stimmt Wilhelm Busch mit seinem oft zitierten Gedicht aus der „Kritik des Herzens" an:

Es wird mit Recht ein guter Braten
Gerechnet zu den guten Taten;
Und daß man ihn gehörig mache,
Ist weibliche Charaktersache.

Ein braves Mädchen braucht dazu
Mal erstens reine Seelenruh,
Daß bei Verwendung der Gewürze
Sie sich nicht hastig überstürze.
Dann zweitens braucht sie Sinnigkeit,
Ja, sozusagen Innigkeit,
Damit sie alles appetitlich,
Bald so, bald so und recht gemütlich
Begießen, drehn und wenden könne,
Daß an der Sache nichts verbrenne.
In Summa braucht sie Herzensgüte,
Ein sanftes Sorgen im Gemüte,
Fast etwas Liebe insofern,
Für all die hübschen, edlen Herrn,
Die diesen Braten essen sollen
Und immer gern was Gutes wollen.
Ich weiß, daß hier ein jeder spricht:
Ein böses Mädchen kann es nicht.
Drum hab ich mir auch stets gedacht
Zu Haus und anderwärts:
Wer einen guten Braten macht,
Hat auch ein gutes Herz.

Bei seinen späteren Besuchen in München wechselte Wilhelm Busch, der dort im Hotel Europäischer Hof zu wohnen pflegte, häufiger den Mittagstisch. Sonst aber, als „Einsiedler von Wiedensahl" hielt er es eher mit der einfachen Küche. Da stand dann oftmals Eintopf (Zusammengekochtes), aber auch Gemüse in vielerlei Zubereitung auf dem Mittagstisch. Opulenter freilich ging's zu beim Weihnachtsmahl des Jahres 1873, als man beim Freund des Wiedensahler Müllers eingeladen war. Darüber äußert sich der Genießer in einem Brief an Nanda und Letty Kessler:

„Wir waren unserer fünf, und es wurde aufgetragen auf den Tisch für sechs Personen Schinken und für fünfundzwanzig Personen Wurst; dazu tranken wir erst Thee mit Rum, dann Chocolate, dann Bier, dann Wein, bis uns der Knopf aus der Weste sprang."

Das Schwein und die Erzeugnisse seines Fleisches - Wurst, die uns schon beschäftigte, und Schinken, aber auch Braten in jeglicher Form - finden sich in vielen Bild- und Textzitaten:

Bis auf weiters

Das Messer blitzt, die Schweine schrein,
Man muß sie halt benutzen,
Denn jeder denkt: „Wozu das Schwein,
Wenn wir es nicht verputzen?"

Und jeder schmunzelt, jeder nagt
Nach Art der Kannibalen,
Bis man dereinst Pfui Teufel! sagt
Zum Schinken aus Westfalen.
(„Schein und Sein")

*

Ein kluger Mann verehrt das Schwein;
Er denkt an dessen Zweck.
Von außen ist es ja nicht fein,
Doch drinnen sitzt der Speck.
(„Hernach")

Doch endlich schlachtet man das Schwein,
Da freute sich das Bäuerlein.
(„Der Bauer und sein Schwein")

An seine Nichte Grete Thomsen geb. Meyer in Münster berichtet Wilhelm Busch am 22. April 1900 aus Mechtshausen über einen besonderen Festtagsbraten: *„Hier ist Konfirmation heute - Anna hilft Nachbar Probstens, die zur Feier des Tages ein Schaf geschlachtet haben, bei der Bereitung des Festessens."* Auf seine Weise aber beklagt der Verfasser im Gedicht „Der arme Hase" das Schicksal des Gejagten:

Ich himmele, ich schwimmele
Wohl hin und her,
Als wenn ich ein Dieb oder Mörder wär.
Dann werd ich gebraten als wie ein Fisch
Und werde getragen auf den Herrentisch.
Dann tun sie Gäste laden,
Sie trinken bei dem Braten
Wohl extra Bier und franzschen Wein.
Der Hase muß ganz verzehret sein.
(Volkslieder und Reime)

Fleischreste aber landen im Junggesellenhaushalt des Wilhelm Busch zum Zwecke sparsamer Wiederverwendung häufig in Fleischklößen, auch wenn sie nicht sonderlich beliebt, sondern eher eine aus der Notwendigkeit geborene Tugend sind:

„Es herrscht überhaupt ein gewisser Überfluß in meinem kleinen Haushalte, der sich wenigstens einmal in der Woche durch Fricadellen Luft machen muß..."

Auch Knopp ist heute etwas ergrimmt
Und über sein ehliches Glück verstimmt.
Grad gibt es den Abend auch Frikadellen,
Die unbeliebt in den meisten Fällen.
(„Knopp-Trilogie")

Geflügel aller Art spielt hingegen in Wilhelm Buschs Texten und Bildern immerwiederkehrend eine große Rolle. Vom Kummer der Witwe Bolte über das unvermutete Ende ihres lieben Federviehs war einleitend ja bereits die Rede. Aber auch in der Bildergeschichte „Der neidische Handwerksbursch" tut der wohlhabende Prasser sich gütlich an einer üppigen Geflügelmahlzeit, die er mit einer Flasche Wein würzt:

Das Hähnerl hier ist für den Dicken.
Der Handwerksbursch' fühlt Magenzwicken.

Die Zeitung ist oft int'ressant.
Ein Hähnerl nimmt man gern zur Hand.

Im Kapitel „Freund Mücke"" („Knopp-Trilogie") wird als leckeres Mittagsmahl empfohlen:

Junge Hähnchen, sanft gebraten,
Dazu kann man dringend raten.

Für eine vorweihnachtliche Sendung von Schnepfen bedankt sich Wilhelm Busch in einem seiner letzten Briefe vom 29. Dezember 1907 aus Mechtshausen. In diesem Harzdörfchen bei Seesen, wo er die letzten Jahre seines Lebensabends im Haushalt seines Neffens Otto Nöldeke verbrachte, der die dortige Pfarrstelle innehatte, ist der Maler, Zeichner und Dichter, betrauert von aller Welt, am 9. Januar 1908 sanft entschlafen:

Meine liebe Nanda!

Sei bedankt für Deinen Brief und die andern greifbaren Beweise, daß Du zum Fest freundlich an mich gedacht hast. Die Langschnäbel schmeckten vorzüglich; Deine Börse, wenn sie auch kein Säckel des Fortunat ist, werde ich gern benutzen.

Prosit Neujahr! rufen die Mechtshausener Euch zu; am lautesten ruft es Dein alter
Onkel Wilhelm

Der alte Förster Püsterich
Der ging nach langer Pause
Mal wieder auf den Schnepfenstrich
Und brachte auch eine nach Hause.

Als er sie nun gebraten hätt,
Da tät ihn was verdreußen;
Das Tierlein roch wie sonst so nett,
Nur konnt er's nicht recht mehr beißen.

Ach ja! So seufzt er wehgemut
Und wischt sich ab die Träne
Die Nase wär so weit noch gut
Nur bloß, es fehlen die Zähne.
(„Kritik des Herzens")

Von der Gans, dem traditionellen Gericht zum Martinitag, oder besser gesagt: von den enttäuschten Vorfreuden auf deren Genuß erzählt Wilhelm Busch in einem vielzeiligen Gedicht „Die Meise" aus „Zu guter Letzt". Statt des erhofften Bratens, der zur rechten Reife am Giebel aufgehängt worden war, findet der liebe Onkel nur noch das von Meisen abgenagte Gerippe des Vogels vor ...

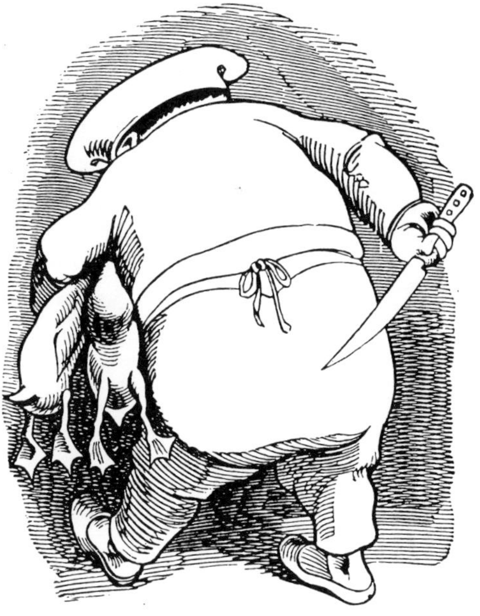

Da kommt der Koch herbei sogleich
Und lacht: „Hehe, jetzt hab ich euch!"
(„Die beiden Enten und der Frosch")

Die Gems' im Freien übernachtet.
Martini hat die Gänse geschlachtet.
(„Naturgeschichtliches Alphabet")

In einem Brief an Grete Thomsen geb. Meyer in Münster beschreibt der Dichter, wie man Reizker, einen schmackhaften Speisepilz aus den heimischen Misch- und Nadelwäldern, zubereitet: *„...weistewohl die, wo man durchschneidet rothgelblich aussehen wie Moorrüben. Mit Mehl und Speck zubereitet, in Gesellschaft von Pellkartoffeln, haben sie Beifall gefunden."*

Übriggebliebene Speisereste, die man damals nicht, wie heutzutage, im Kühlschrank verwahrte und im Mikrowellenherd zum Gebrauch wieder auftaute, verwahrt der kluge Hausvater Küster Plünne im Kapitel „Wohlgemeint wird abgelehnt" („Knopp-Trilogie") auf recht originelle Weise:

Nämlich dieses weiß ein jeder:
Wärmehaltig ist die Feder.

Hat man nun das Mittagessen
Nicht zu knappe zugemessen,
Und, gesetzt den Fall, es wären
Von den Bohnen oder Möhren,
Oder, meinetwegen, Rüben
Ziemlich viel zurückgeblieben,
Dann so ist das allerbeste,
Daß man diese guten Reste
Aufbewahrt in einem Hafen,

Wo die guten Eltern schlafen,
Weil man, wenn der Abend naht,
Dann sogleich was Warmes hat.
Diese praktische Methode
ist auch Plünnens ihre Mode.

Gottlieb Michael indessen, auf Freiersfüßen in „Pater Filucius", weiß die leckere Suppe zu schätzen, die ihm von zarter Hand serviert wird:

Ebenso in Kochgeschichten
Einigt man sich öfters schwer,
Gottlieb könnte lange warten,
Wenn Angelika nicht wär'.

Sie besorgt die Abendsuppe
Still und sorgsam und geschwind;
Gottlieb zwickt sie in die Backe:
„Danke sehr, mein gutes Kind!"

Höchsten Stellenwert aber hat bei Wilhelm Busch ein Gericht, dem er in Text und Bildern viel Aufmerksamkeit widmet und von dem sicherlich anzunehmen ist, daß es zu den Lieblingsspeisen des ewigen Junggesellen gehörte:

Pfannkuchen und Salat

Von Fruchtomletts da mag berichten
Ein Dichter aus den höhern Schichten.

Wir aber, ohne Neid nach oben,
Mit bürgerlicher Zunge loben
Uns Pfannekuchen und Salat.

Wie unsre Liese delikat
So etwas backt und zubereitet,
Sei hier in Worten angedeutet.

Drei Eier, frisch und ohne Fehl,
Und Milch und einen Löffel Mehl,
Die quirlt sie fleißig durcheinand
Zu einem innigen Verband.

Sodann, wenn Tränen auch ein Übel,
Zerstückelt sie und mengt die Zwiebel
Mit Öl und Salz zu einer Brühe,
Daß der Salat sie an sich ziehe.

Um diesen ferner herzustellen,
Hat sie Kartoffeln abzupellen.
Da heißt es, fix die Finger brauchen,

Den Mund zu spitzen und zu hauchen,
Denn heiß geschnitten nur allein
Kann der Salat geschmeidig sein.

Hierauf so geht es wieder heiter
Mit unserm Pfannekuchen weiter.

Nachdem das Feuer leicht geschürt,
Die Pfanne sorgsam auspoliert,
Der Würfelspeck hineingeschüttelt,
So daß es lustig brät und brittelt,
Pisch, kommt darüber mit Gezisch
Das ersterwähnte Kunstgemisch.

Nun zeigt besonders und apart
Sich Lieschens Geistesgegenwart,
Denn nur zu bald wie allbekannt,
Ist solch ein Kuchen angebrannt.

Sie prickelt ihn, sie stockert ihn,
Sie rüttelt, schüttelt, lockert ihn
Und lüftet ihn, bis augenscheinlich
Die Unterseite eben bräunlich,
Die umgekehrt geschickt und prompt
Jetzt ihrerseits nach oben kommt.

Geduld, es währt nur noch ein bissel,
Dann liegt der Kuchen auf der Schüssel.

Doch späterhin die Einverleibung,
Wie die zu Mund und Herzen spricht,
Das spottet jeglicher Beschreibung,
Und darum endet das Gedicht.

In „Plisch und Plum" wie in der Knopp-Trilogie stoßen wir gleichfalls auf die favorisierte Leichtspeise:

Mama Fittich machte grad
Pfannenkuchen und Salat,
Das bekannte Leibgericht,
Was so sehr zum Herzen spricht.

Oder in der „Knopp-Trilogie":

Schnell flieht der Morgen. - Unterdessen
Bereitet man das Mittagessen.
Was dies betrifft, so muß man sagen,
Kann Knopp sich wirklich nicht beklagen.
Zum Beispiel könnt er lange suchen
Nach solchem guten Pfannnekuchen.

Hierin ist Doris ohne Fehl.
Stets nimmt sie einen Löffel Mehl,
Die nöt'ge Milch, dazu drei Eier,
Ja vier sogar, wenn sie nicht teuer,
Quirlt dies sodann und backt es braun
Mit Sorgfalt und mit Selbstvertraun;

Und jedesmal spricht Knopp vergnüglich:
„Der Pfannekuchen ist vorzüglich!"

Allerdings: ein total unliebsames Ende findet der Pfannekuchenschmaus im Hause Fittich („Plisch und Plum"):

Wer sich freut, wenn wer betrübt,
Macht sich meistens unbeliebt.

Lästig durch die große Hitze
Ist die Pfannenkuchenmütze.

„Höchst fatal!" - bemerkte Schlich
„Aber diesmal auch für mich!"

In der Bildergeschichte „Die fromme Helene" gelangt das frischvermählte Paar Georg Schmöck und Helene auf der Hochzeitsreise nach Heidelberg, dem „Freudenort der Neuvermählten". Nach anstrengendem Besichtigungsprogramm, wo die Ruinen des alten Schlosses ebenso gewürdigt wie das große Weinfaß bestaunt wurden, stärkt sich das Hochzeitspaar saisongemäß mit edlem Frühlingsgemüse in seinem Hotel:

Denn Spargel, Schinken, Koteletts
Sind doch mitunter auch was Nett's.

Fischgerichte spielen in Wilhelm Buschs Texten und Bildern, gemessen an der Fülle der dort zitierten Fleisch- und Eierspeisen, eine eher untergeordnete Rolle. Gleichwohl schickte der Künstler seinem Münchener Malerfreund Lorenz Gedon ein probates Rezept, wie man Heringskartoffeln zubereitet:

„Man legt in der Schale gekochte und in Scheiben geschnittene Kartoffeln abwechselnd mit gehacktem Häring in eine Blechform. Sodann verquirlt man sauren Rahm, Eier und zerstoßenen Zwieback, gießt's drüber, schiebt die ganze Geschichte in den Bratofen und läßt sie stehen, bis sie krustig wird. Guten Appetit."

In einem Brief an Grete Thomsen geb. Meyer in Münster aus Mechtshausen vom 12. März 1904 erinnert der Verfasser sich an eine gemeinsame Reise mit der Adressatin nach Düsseldorf: *„Wie dort, abgesehen von der angenehmen Begleitung, der Fisch und die Bratkartoffeln sozusagen das Beste waren, so hier der Schweizerkäs und das echte Münchener Salvatorbier."* Ein trauriges Ende hingegen nimmt die Fischmahlzeit des frischgebackenen Papas Georg Schmöck („Die fromme Helene"). Schmöck schreitet solo zu Tisch, alldieweil Madame das Kindbett hüten muß:

Und emsig setzt er sich zu Tische,
Denn heute gibt's Salat und Fische.

Autsch! - Eine Gräte kommt verquer,
Und Schmöck wird blau und hustet sehr;

Und hustet, bis ihm der Salat
Aus beiden Ohren fliegen tat.

Bums! Da! Er schließt den Lebenslauf.
Der Jean fängt schnell die Flasche auf.

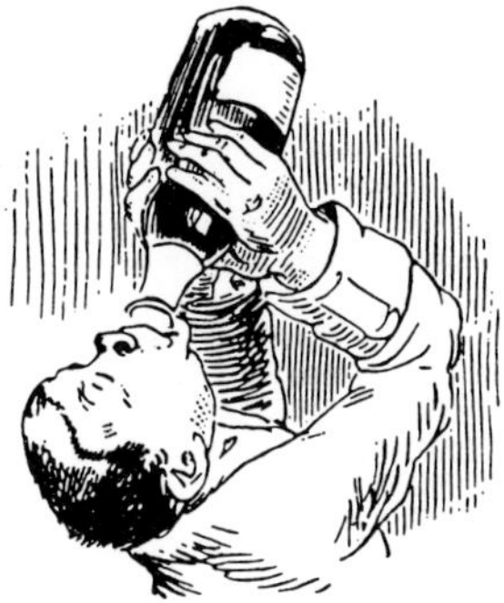

„Oh!" - sprach der Jean - „Es ist ein Graus!
Wie schnell ist doch das Leben aus!"

Während Wilhelm Busch im Gedicht „Ich bin Papa" („Schein und Sein") reimt: *„Heut mittag gibt es wieder mal / mein Leibgericht, gespickten Aal"* gibt er in der Bildergeschichte „Hänschen Däumeling" („Stippstörchen") zu erkennen, daß er von der Zubereitung edlen Süßwasserfisches durchaus etwas versteht:

Ein Fischer, welcher grade fischt,
hat aber gleich den Hecht erwischt.
Er überbringt ihn Hänschens Mutter,
die denkt: „Den braten wir in Butter!"

Voller Schrecken bemerkt Tobias Knopp („Knopp-Trilogie"), daß gutes Essen und Trinken nicht ohne Auswirkung auf seine Figur geblieben sind:

Auch bemerkt er außerdem,
Was ihm gar nicht recht bequem,

Daß er um des Leibes Mitten
Längst die Wölbung überschritten,
Welche für den Speiseschlauch,
Bei natürlichem Gebrauch,
Wie zum Trinken, so zum Essen,
Festgesetzt und abgemessen.

Zur Fastenzeit jedoch, wenn fleischlose Kost angesagt ist, kommt das Ei zu neuen Ehren:

Man rechnet meistens zu den Lasten
Das kirchliche Gebot der Fasten;
Man fastet, weil man meint, man muß.
Für Toni aber war's Genuß.
Bouillon und Fleisch und Leberkloß,
Das war ihm alles tutmämschos.
Dagegen jene milden Sachen,
Die wir aus Mehl und Zucker machen,
Wozu man auch wohl Milch und Zimt
Und gute sanfte Butter nimmt -
Ich will mal sagen Mandeltorten,
Dampfnudeln, Krapfen aller Sorten,
Auch Waffel-, Honig-, Pfannenkuchen
Dies pflegt' er häufig aufzusuchen.

Den Freitag war er gern allein,
Um sich besonders zu kastein.
Der Tag war ihm besonders heilig.
Früh stund er auf und schlich sich eilig
Zur Scheune auf die kühle Tenne,
Denn Piccola, die kluge Henne,

Legt' hier versteckt in frisches Heu,
Behutsam schon ihr Morgenei.

Er trank es aus. - Hier sehen wir,
Daß selbst das unvernünft'ge Tier
Mit sonst gedankenlosen Werken
Den Frommen fördern muß und stärken.

(„Der heilige Antonius von Padua")

Schließlich aber empfiehlt der Wiedensahler, dem auch das damals gängige Arme-Leute-Gericht Buchweizenpfannkuchen durchaus nicht unbekannt war, magenfreundliche Diät:

Empfehlung

Du bist behaglich eingenickt.
Dann, wenn du angenehm erquickt,
Kehrst du beim „stillen Wirte" ein.
Da gibt es weder Bier noch Wein.
Du schlürfst ein wenig Äpfelmost,
Ißt eine leichte Löffelkost
Mit wenig Fett und vieler Grütze,
Gehst früh zu Bett in spitzer Mütze
Und trinkst zuletzt ein Gläschen Wasser.
Schlaf wohl und segne den Verfasser!

(„Schein und Sein")

Dessert und Knabbereien

Damit wären wir aber angelangt beim Finale des Mittagsmahles, beim Nachtisch. Eine „schöne Gabe der Natur" nennt der Dichter-Humorist Heidelbeerkompott, hier als Beigabe zu Pfannkuchen in „Hans Hukkebein, der Unglücksrabe" verwendet:

Nichts Schönres gab's für Tante Lotte
Als schwarze Heidelbeerkompotte.

Doch Huckebein verschleudert nur
Die schöne Gabe der Natur.

Ehe noch Fips der Affe in der Bildergeschichte, die seinen Namen trägt, mit raschem Zugriff das Dessert-Duo jäh beendet, preist Adeles Verehrer das dampfende Kunstgebilde:

Dämmrung war es, als Adele
Mit dem Freunde ihrer Seele,
Der so gerne Pudding aß,
Traulich bei der Tafel saß.

„Pudding", sprach er, „ist mein Bestes!"
Drum zum Schluß des kleinen Festes

Steht der wohlgeformte große
Pudding mit der roten Sauce
Braun und lieblich duftend da,
Was der Freund mit Wonne sah.

Fips der Affe lagert sich genüßlich inmitten erbeuteter Leckereien, während das Baby in der Wiege sich durch die süße Zugabe, die Großmutter ihm in den Mund steckt, rasch beruhigen läßt:

Hier liegt und schwelgt er zum Beschluß
In ungestörtem Hochgenuß.
(„Der Schnuller")

Klein-Fritzchen aber hat es auf der lieben Tante milde Gaben abgesehen, die in ihrem Reisekorb ruhen und wohldosiert dem Knaben zugeteilt werden.

Die Tute

Wenn die Tante Adelheide
Als Logierbesuch erschien,
Fühlte Fritzchen große Freude,
Denn dann gab es was für ihn.

Immer hat die liebe Gute
Tief im Reisekorb versteckt
Eine angenehme Tute,
Deren Inhalt köstlich schmeckt.

Täglich wird dem braven Knaben
Draus ein hübsches Stück beschert,
Bis wir schließlich nichts mehr haben
Und die Tante weiterfährt.

Mit der Post fuhr sie von hinnen.
Fritzchens Trauer ist nur schwach.
Einer Tute wo nichts drinnen,
Weint man keine Träne nach. („Zu guter Letzt")

Brezeln als beliebtes Knabbergebäck, das Wilhelm Busch insbesondere in seinen Münchener Jahren kannte und gern verzehrte, kehren als Objekt in mehreren Bildergeschichten wieder wie zum Beispiel hier:

Aber schon mit viel Vergnügen
Sehen sie die Brezeln liegen.
(„Max und Moritz")

Die Mutter sprach: „O Heinrich mein!
Nimm diese Brezen, sie sei dein!"
(„Der hinterlistige Heinrich")

Einstmals, als sie spazieren gehen,
Sieht man den Hundfänger stehen.
Er lockt den Schnick mit einer Brezen.
Das Fräulein ruft ihn mit Entsetzen.
(„Strafe der Faulheit")

Die Sorge wandelt sich in Entsetzen,
Denn da steht Fipps mit Krapfen und Brezen.
Die Brezen trägt man in einer Reih
Auf dem Schwanz, als ob es ein Stecken sei,
Und aufgespießt, gleich wie auf Zapfen,
An allen vier Daumen sitzen die Krapfen.

(„Fipps der Affe")

Hier sitzt Herr Bartelmann im Frein
Und taucht sich eine Brezel ein.
(„Das Pusterohr")

Bei Mina Kaulbach geb. Lahmeyer, der Ehefrau seines Münchener Malerfreundes Wilhelm Kaulbach, bedankt sich der stets höfliche und korrekte Wilhelm Busch in seinem Brief vom 13. Juni 1879 aus Wiedensahl für das Präsent einer wohlgefüllten Dose mit duftendem Gebäck:

Liebe Frau Kaulbach!

Die wohlgefüllte Blech- und Freudendose hab ich erhalten. - Meine Schwester ist, eh' ich mit den Jungen nach der See gehe, auch ein paar Wochen verreist. Ich bin mit den Spatzen, Staren und unserm guten alten Dortchen gewissermaßen allein in unsrer Hütte. Sitz' ich dann mittags so da und mache die Flasche auf und hole mir was aus der Dose, dann wird es wohl erlaubt, ja unvermeidlich sein, sich mit Dankbarkeit einer liebenswürdigen Frau zu erinnern, welche nach der Seite wohnt, die ich allen Grund habe, die „Sonnenseite" zu nennen.

Seien Sie überzeugt, daß ich stets bin Ihr ergebenster
Wilh. Busch

Wein, Bier und andere Getränke

Ein eigenes Büchlein unserer Reihe befaßt sich mit dem Thema „Wilhelm Busch und der Wein"*). Den edlen Rebensaft zog er im Alter dem Bier vor: *„Alle vierzehn Tage vielleicht leere ich mein halbes Fläschchen, lobe stillvergnügt den Pfälzer und freue mich, daß es in deutschen Landen solch vorzüglichen Wein gibt - aber laut darüber zu singen mag ich nicht."*

So begleitete der Wein unseren Künstler bis ins hohe Alter, war für ihn stets Bestandteil eines erlesenen Menüs. Auch wenn er alt, weise und damit notwendig auch enthaltsam geworden war, reimte er ohne Bitterkeit für einen Stammtisch:

Ehedem, getreu und fleißig,
Tat er manchen tiefen Zug.
Erst nachdem er zweimal dreißig
Sprach er: Jetzo sei's genug!
Von den Taten, die vollbrungen,
Liebt das Alter auszuruhn
Und nun ist es an den Jungen
Gleichfalls ihre Pflicht zu tun.

Wilhelm Busch, den sein Verleger Otto Bassermann sowohl zum 70. als auch zum 75. Geburtstag mit seiner großzügigen Weinsendung erfreute *(„Es ist eine von den Geburtstagsbeunruhigungen, die man sich wohl gefallen lassen kann")*, verdanken wir einige köstliche Trinklieder, die in der Jung-München-Zeit entstanden sind, sarkastische Zeichnungen aber auch, die uns drastisch die Wirkungen des allzu reichlichen Genusses vor Augen führen. Mit der Bildergeschichte „Die Haarbeutel" widmete er diesen Zuständen in zahlreichen Variationen seine Aufmerksamkeit. Während Busch selber Weißwein bevorzugte (Deidesheimer, Assmannshäuser), verdanken wir dem Rotwein gleichwohl eines der meistgebrauchten Busch-Zitate überhaupt:

*) „Wilhelm Busch und der Wein", Verlag SCHNELL Buch & Druck, Warendorf

Rotwein ist für alte Knaben
Eine von den besten Gaben.
(„Knopp-Trilogie")

Eine Flasche Wein und ein Römerglas sind neben einer guten Zigarre Attribute einer genußvollen Pause, die sich Wilhelm Busch im Pfarrgarten von Mechtshausen gönnte, festgehalten in einer dokumentarischen Aufnahme aus dem Jahre 1904. Sie zeigt den passionierten Zigarrenraucher, der es eine Zeitlang auf zusätzlich bis zu 40 Zigaretten pro Tage brachte und sich mit einem derartigen Konsum prompt auch mehrfach eine Nikotinvergiftung einhandelte.

So mag denn Wilhelm Busch, dem Wiedergenesenen, der Zweizeiler aus der Bildergeschichte „Die beiden Enten und der Frosch" auf Grund der persönlichen Erfahrungen aus vollem Herzen gekommen sein:

Drei Wochen war der Frosch so krank!
Jetzt raucht er wieder, Gott sei Dank!

Im „Maler Klecksel" tut's Klecksels wohlhabender Freund Gnatzel dem Erfinder aller dieser Figuren im Zigarren- und Weinkonsum gleich:

Ganz arglos auf dem Schillerplatzel
Geht Kunos Freund, der Herr v. Gnatzel.

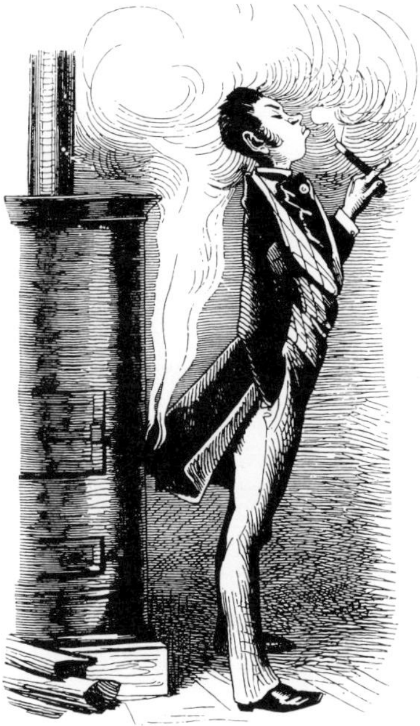

„Es ist ein Elend mit den Zigarren; jetzt kosten diese Empresas 60 Gulden das Tausend - und brenzeln doch abscheulich!" („Münchener Bilderbogen")

Passionierter Pfeifenraucher wie zum Beispiel der brave Lehrer Lempel („Max und Moritz") ist auch „Der Partikularist":

Onkel Nolte indessen nimmt mit dem harmloseren Schnupftabak vorlieb („Die fromme Helene"):

Wie nun der sanfte Onkel Nolte
Sich eine Prise schöpfen wollte...

Die kurzen Klaren, die Kognaks, Weinbrände und Köhm kehren in vielen Varianten in Buschs Texten und Bildern wieder, obwohl er die oft verheerende Wirkung des übermäßigen Genusses durchaus nicht verkannte:

„Lieber Levi! Also wäre ich denn auch diesmal bei einem dieser genialen Schnapswirte der Neuzeit gewesen, wo die Leute, denen es daheim nicht wohl ist, einkehren, aber nicht zur Erholung und Stärkung, sondern um sich zu erhitzen und dann nach Haus zu gehen und alles kurz und klein zu schlagen" (Brief vom 17. Oktober 1884)

Branntwein mit dem schönen Namen „Busenfreund" wollen sich in der Geschichte „Der Geburtstag oder die Partikularisten" die braven Bürger bei Mutter Köhm in reichlichem Maße genehmigen:

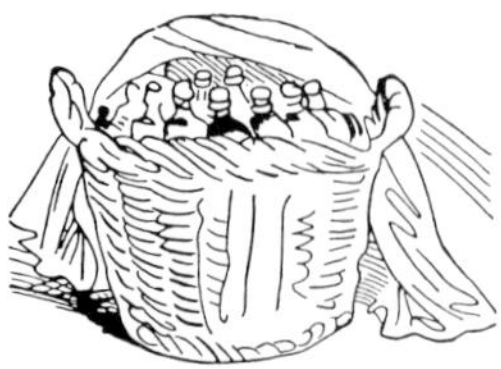

Allhier im Korbe, eng vereint,
Sind zwanzig Flaschen Busenfreund.

Und jeder ruft: „He, Mutter Köhmen!
Up düt will wi noch Einen nöhmen!!"

Gesagt, getan. -
Für Mutter Köhm
War alles dieses angenehm.

„Hans Huckebein, der Unglücksrabe", den wir zuvor schon bei der Verschleuderung des Heidelbeerkompotts kennenlernen konnten, erprobt auch seinerseits alkoholische Standfestigkeit:

Jetzt aber naht sich das Malheur,
Denn dies Getränke ist Likör.

Es duftet süß. - Hans Huckebein
Taucht seinen Schnabel froh hinein.

Kümmel und Magenbitter sind dagegen auf ihre Weise die Würze anderer Bildergeschichten:

Hiermit geht er aus der Türe.
Fritze hält das für ein Glück.
Er ergreift die Kümmelflasche
Und dann beugt er sich zurück.

(„Die Haarbeutel")

Der Affe steht auf einem Bein
Und trinkt den guten Branntewein.
(„Der Affe und der Schusterjunge")

Der Konrad leert sein fünftes Glas,
Die Schüchternheit verringert das.
(„Knopp-Trilogie")

„Kellnerin! Einen Bittern!"
(„Der hastige Rausch")

Das gute Münchener Bier, von dem Wilhelm Busch in seinen Münchener Lehr- und Wanderjahren in reichem Maß Gebrauch machte, hat der norddeutsche Künstler sehr geschätzt. So könnte denn überhaupt über Buschs Münchener Bier-Jahre wie ein bildliches Motto jener Hieronymus Jobs stehen („Bilder zur Jobsiade"):

Die erste Pflicht der Musensöhne
Ist, daß man sich ans Bier gewöhne.

Buschs Neffe und Biograph Otto Nöldeke trat jedoch entschieden der verbreiteten Meinung entgegen, sein berühmter Onkel sei ständiger Gast in den Dorfwirtshäusern von Wiedensahl gewesen: „*Dagegen kann ich aus meiner eigenen Erinnerung heraus bestätigen, daß wir bei den täglich bei gutem Wetter stattfindenden längeren oder kürzeren Wanderungen wohl in dem Gasthause von Wesch, jetzt im Besitze von Ernst Suthmeier, in dem halbwegs zwischen Wiedensahl und Stadthagen gelegenen schaumburg-lippischen Dorfe Niedernwöhren einkehrten oder in dem nach der anderen Seite von Wiedensahl zu gelegenen westfälischen Dorfe Rosenhagen die Gastwirtschaft Bulmahn besuchten.*"

Über das Bräustüble des Benediktinerklosters Andechs berichtet Busch, daß man dort zu seiner Zeit noch Bier ohne feste Bezahlung bekam: „*Es wurde nur erwartet, daß man seine Kreuzer unter den Maßkrug legte.*" Der gesellige Künstlerverein Jung-München, in dem Busch sich sehr wohlfühlte, kneipte „Beim Kappler" in der Promenadenstraße.

Freudig eilt man nun zur Schenke,
Freudig greift man zum Getränke,
Welches schon seit langer Zeit
In des Klosters Einsamkeit
Ernstbesonnen, stillvertraut
Bruder Jakob öfters braut.

Hierbei schaun sich innig an
Pilgerin und Pilgersmann.
(„Pater Filucius")

Und auch dies Gedicht beschwört auf seine Weise entsprechende Erinnerungen:

Karneval

Auch uns, in Ehren sei's gesagt,
Hat einst der Karneval behagt,
Besonders und zu allermeist
In einer Stadt, die München heißt.
Wie reizend fand man dazumal
Ein menschenwarmes Festlokal,
Wie fleißig wurde über Nacht
Das Glas gefüllt und leergemacht,
Und gingen wir im Schnee nach Haus,
War grad die frühe Messe aus,
Dann konnten gleich die frömmsten Fraun
Sich negativ an uns erbaun.
Die Zeit verging, das Alter kam,
Wir wurden sittsam, wurden zahm.
Nun sehn wir zwar noch ziemlich gern
Die Sach' uns an, doch nur von fern
(Ein Auge zu, Mundwinkel schief)
Durchs umgekehrte Perspektiv.

Auch die beiden wohlbekannten Kunstjünger aus den späten Bildergeschichten „Maler Klecksel" und „Balduin Bählamm" sprechen ihrerseits dem Gerstensaft kräftig zu:

Doch führt ihn bald ein tiefer Zug
Zu höherem Gedankenflug.

Mit Leichtigkeit genießt er hier
So seine ein, zwei, drei Glas Bier.
Jedoch zur Nacht, wenn er sich setzte,
Beim Schimmelwirt, blieb er der Letzte.

Beim Schimmelwirt heißt's in geselliger Runde immer wieder kräftig Prosit:

Oft sprach dann Bötel mit Behagen:
„Herr Schimmelwirt, ich kann wohl sagen:
Wär nicht die rechte Bildung da,
Wo wären wir? Ja ja, ja ja!!"

Sie füllen die Gläser und stoßen an:
„Prost, vivat! Düt hett gude gan!"
(„Bilder zur Jobsiade")

Knopp aber redet nicht eben viel.
Hat auch nicht Lust zum Solospiel,
Sondern tief in sich selbst gekehrt
Hat er sein Schöppchen Bier geleert.
(„Knopp-Trilogie")

Der Altgesell ist froh und lacht,
Weil ihm die erste Maß gebracht.
(„Unangenehme Überraschung")

Der Stoff ist heute sehr zu loben,
Drum wird sofort der Krug gehoben:

Schlupp! rinnt das Bier durch seine Kehle
Auf einmal in die heiße Seele.

Über hundert Seiten lang waren wir jetzt zu Gast bei Wilhelm Busch. Wir haben mit ihm gespeist und getrunken, seine Rezepte und Ratschläge erfahren, haben seine Gastro-Kritik mit Schmunzeln zur Kenntnis genommen, uns warnen lassen vor allzu mißbräuchlichem Genuß der Speisen und Getränke. Alles aber, was in fester oder flüssiger Form schließlich im mehr oder weniger strapazierten Magen landet, hat auf Grund der menschlichen Anatomie zunächst einmal die Sperre des Mundes zu passieren. Ihm speziell widmete unser Autor daher ein Gedicht, das er einem Kochbuch voranstellte. Er machte es 1883 Grete Fehlow in Berlin zum Geschenk, einer entfernten Verwandten, bei der er sich auf diese Weise entschuldigte, daß er der Einladung zu ihrer Hochzeit nicht folgen konnte. Es mag denn auch sinnvoll den Schlußpunkt unter unsere Sammlung setzen:

Widmung zu einem Kochbuch

Es wird behauptet und mit Grund,
Ein nützlich Werkzeug sei der Mund!
Zum ersten läßt das Ding sich dehnen
Wie Guttapercha, um zu gähnen.
Ach Grete, wenn du dieses mußt,
Tu' es im stillen und mit Lust!
Zum zweiten: wenn es grad von Nöten,
Kann man ihn spitzen, um zu flöten.
Sitzt dann der Schatz auch mal allein,
Dies wird ihm Unterhaltung sein!
Zum dritten läßt der Mund sich brauchen,
Wenn's irgend passend, um zu rauchen.
Dies kannst du deinem guten Gatten,
Der darum bittet, wohl gestatten.
Zum vierten ist es kein Verbrechen,
Den Mund zu öffnen, um zu sprechen.
Vermeide nur Gemütserregung,
Sprich lieber sanft mit Überlegung,
Denn mancher hat sich schon beklagt:
„Ach, hätt' ich das doch nicht gesagt!"
Zum fünften, wie wir alle wissen,
So eignet sich der Mund zum Küssen.

Sei's offen oder sei's verhohlen,
Gegeben oder nur gestohlen,
Ausdrücklich oder nebenher,
Beim Scheiden oder Wiederkehr,
Im Frieden und nach Kriegeszeiten:
Ein Kuß hat seine guten Seiten!
Zum Schluß jedoch nicht zu vergessen:
Hauptsächlich dient der Mund zum Essen!
Gar lieblich dringen aus der Küche
Bis an das Herz die Wohlgerüche.
Hier kann die Zunge fein und scharf
Sich nützlich machen, und sie darf!
Hier durch Gebrötel und Gebrittel
Bereitet man die Zaubermittel
In Töpfen, Pfannen oder Kesseln,
Um ewig den Gemahl zu fesseln.
Von hier aus herrscht mit schlauem Sinn
Die Haus- und Herzenskönigin.
Lieb's Gretchen! Halt dich wohlgemut,
Regiere mild - und koche gut!

WILHELM-BUSCH-REIHE

		ISBN	Erscheint
1	Wilhelm Busch und der Wein	3-87716-879-5	September 1995
2	Essen und Trinken bei Wilhelm Busch	3-87716-878-7	November 1995
3	Ärzte, Apotheker, Patienten bei Wilhelm Busch	3-87716-877-9	Dezember 1995
4	Musiziert mit Wilhelm Busch	3-87716-876-0	Februar 1996
5	Schulmeister und Schüler im Klassenzimmer von Wilhelm Busch	3-87716-875-2	April 1996
6	Verliebte, Freier, Eheleute - beobachtet von Wilhelm Busch	3-87716-874-4	Mai 1996
7	Wilhelm Busch über alles, was da kreucht und fleugt	3-87716-873-6	August 1996
8	Glückwünsche, Reime, Sinnsprüche von Wilhelm Busch	3-87716-872-8	September 1996
9	Schreiberlinge und Poeten - vorgestellt von Wilhelm Busch	3-87716-871-x	Oktober 1996
10	Beamte und Advokaten - beobachtet von Wilhelm Busch	3-87716-870-1	November 1996